LA VIE EST UN SONGE,

COMEDIE-HEROÏQUE,

De Monsieur DE BOISSY,

Représentée par les Comédiens Italiens, au mois de Novembre 1732.

Le prix est de vingt-quatre sols.

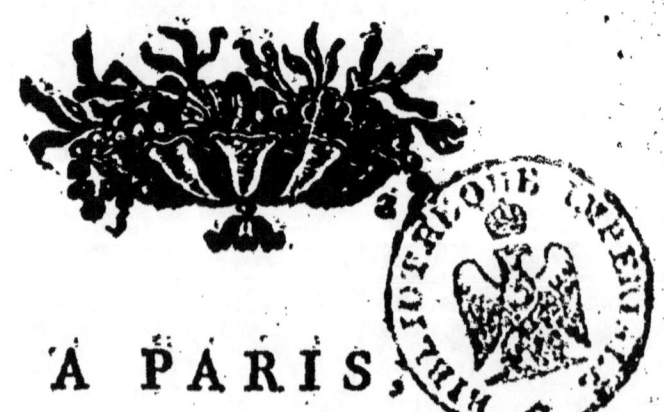

A PARIS,

Chez PIERRE PRAULT, Quai de Gêvres, au Paradis.

─────────────

M. DCC. XXXII.

Avec Approbation & Privilege du Roi.

LA VIE

EST UN SONGE.

COMEDIE HEROIQUE.

ACTEURS.

BASILE, Roi de Pologne.

SIGISMOND, Fils de Basile.

FEDERIC, Grand Duc de Moscovie, & Neveu du Roy.

SOPHRONIE, Princesse, & Niéce du Roy.

CLOTALDE, Gouverneur de Sigismond.

ULRIC, Grand de la Cour.

RODERIC, Chef des Conjurés.

ARLEQUIN, Bouffon de la Cour.

PLUSIEURS OFFICIERS.

GARDES.

SOLDATS.

La Scene est en Pologne.

LA VIE EST UN SONGE.
COMEDIE HEROIQUE.

ACTE PREMIER,

SCENE PREMIERE.
LE ROY, ULRIC.

ULRIC.

E Rochers escarpés, quelle chaîne ef-froyable
Sert de ramparts à cette affreuse Tour ?
Elle paroît impénétrable

LA VIE EST UN SONGE;
A la clarté du jour.
O Ciel! qui peut guider mon Roi dans ce séjour?
LE ROY.
Le remords qui l'accable.
ULRIC.
Un Prince tel que vous, Pere de ses sujets,
Du remords accablant peut-il sentir les traits?
LE ROY.
Je ne les sens que trop, mais je suis pardonnable,
L'amour que j'ai pour eux m'a seul rendu coupa-
ble.
ULRIC.
Seigneur, que dites-vous?
LE ROY.
Il est tems que mon cœur
Te dévoile un secret à l'Etat nécessaire,
Dont un seul homme est le dépositaire,
Et qui va te remplir de surprise & d'horreur.
Cette Tour que tu vois, cette prison si noire
Dont l'aspect seul épouvante les yeux
Ces lieux (puis-je le dire, & pourras-tu le croire?)
Renferment dans leurs murs mon fils unique.
ULRIC.
O Dieux!
LE ROY.
Pour t'éclaircir cet horrible mistere,

COMEDIE HEROIQUE.

Apprens, qu'autrefois, à mes vœux,
Un fils fut accordé par le Ciel en colere
Avant de mettre au jour ce Prince malheureux,
Mon Epouse, en dormant, crut voir un monstre affreux
Qui, déchirant son sein, terminoit sa carriere.
Ce songe fut trop vrai ! Fatal present des Cieux !
Sigismond en naissant fit expirer sa mere.
Par moi sur ses destins le Ciel fut consulté,
Et combla les frayeurs dont j'étois agité :
Il me dit que ce Prince impie & sanguinaire
Regneroit sur son peuple en Tiran furieux ;
Il me dit qu'à ses pieds il souleroit son pere,
Et qu'il blasphemeroit les Dieux.
Dans cette affreuse conjoncture,
Le cœur rempli d'un juste effroi,
Mais plus épouvanté pour l'Etat que pour moi,
Au bien de mes Sujets j'immolai la nature,
Et je devins cruel par générosité :
Craignant pour eux ce fils, & sa férocité,
Je le fis enfermer dans cette Tour obscure.
Pour y vivre & mourir sans connoître son sort ;
J'eûs soin en même tems de publier sa mort :
Clotalde seul instruit, sous une garde sûre
Fut chargé d'élever Sigismond dans ces lieux,
Non comme un Maître légitime,

Mais comme un monstre furieux
Qu'il falloit enchaîner pour le sauver du crime.
ULRIC.
Le supplice m'étonne autant que la victime.
LE ROY.
Je crus, par là, du Ciel détourner la fureur,
Assurer mon repos & celui de l'Empire :
Vaines précautions ! Le remords dans mon cœur
Punit à chaque instant l'excès de ma rigueur.
Je sens sur tout, je sens qu'il me déchire
Dans ce jour où l'Etat soupire
Après le choix d'un Successeur
Que les ans me pressent d'élire.
Contre moi la raison elle-même conspire,
Me dit que j'ai trop crû les Astres incertains ;
Que je dois révoquer des ordres inhumains
Qui me privans d'un fils, ôtent à la Province,
Contre toute équité, so   éritable Prince ;
Qu'avant de condamner l'espoir de ma Maison
A l'horreur éternelle
D'une rigoureuse prison,
Je consulte du moins l'amitié paternelle,
Et tente s'il n'est point en cette extrêmité
Quelque moyen plus doux pour dompter sa fierté
Et pour faire mentir son étoile cruelle.

ULRIC.

Ah Seigneur ! pour ce fils proscrit contre les Loix
D'un trop juste remords daignez oüir la voix.

LE ROY.

Ami, dans ce désert c'est lui seul qui m'améne,
J'y prétens voir mon fils sans en être apperçu,
Juger des sentimens dont il est combattu,
Et décider par eux si je romprai sa chaîne.
Dans ce jour favorable, heureux si la vertu
Pouvoit combattre en lui l'ascendant qui l'entraîne,
  Et pouvoit le rendre après moi
Digne de gouverner & d'être votre Roi !
Clotalde qui m'attend & que j'ai fait instruire,
Doit bientôt..... Je le vois qui vient pour nous conduire.

SCENE II.

LE ROY, ULRIC, CLOTALDE.

CLOTALDE.

SIgismond va, Seigneur, paroître dans ces lieux,
Souffrez, pour l'écouter, qu'on vous cache à ses yeux.

LE ROY.

Je brule en même tems & je crains de l'entendre
Prépare-toi, mon cœur, à l'assaut le plus tendre.
(Il suit Clotalde qui le conduit avec Ulric.)

SCENE III.

ARLEQUIN *seul*.

Voyons un peu ce qui se fait ici.
Mes semblables par tout entrent sans consé-
quence ;
Et Bouffon de la Cour, j'use de ma licence.
 Le Roi, d'un de ses Grands suivi
Et guidé par Clotalde en cet antre effroyable,
 Vient maintenant d'entrer à petit bruit.
Je voudrois bien sçavoir quel sujet l'y conduit ?
 C'est le domicile du Diable,
Tout ici me paroît propre à l'y conjurer.
 Le Roi peut-être est venu l'implorer
 Pour se le rendre favorable.
De chaînes & de clefs quel bruit épouvantable !
 La Porte s'ouvre : Ah ! ce sont les enfers !
Tous mes sens sont saisis d'une frayeur extrême.
Quel phantôme s'avance ! Il est chargé de fers,

COMEDIE HEROIQUE.

Et ses regards font peur : c'est le diable lui-même;
Je suis perdu.

SCENE IV.

SIGISMOND *enchaîné*, ARLEQUIN.

SIGISMOND.

Parle, n'es-tu point las,
O Ciel ! injuste Ciel, de m'accabler de chaînes?
ARLEQUIN.
Il menace le Ciel, c'est lui, n'en doutons pas.
Le Diable m'attendrit, & j'entre dans ses peines.
SIGISMOND.
Sans avoir vû le jour, depuis vingt ans je vis.
Renfermé dès l'enfance en un cachot horrible,
J'ignore mon forfait, & ne sçais qui je suis.
Je ne vois qu'un seul homme, un tyran infléxible,
Instrument & témoin des maux dont je gémis.
Il ne m'éclaircit point mon infortune extrême;
Il me parle souvent de la Terre & des Cieux.
Il m'apprend à connoître, à respecter les Dieux :
Mais il me vante en vain leur Justice suprême,
Le sort que je subis, sans l'avoir mérité,

LA VIE EST UN SONGE.

Dément cette Justice & détruit leur bonté.
Qu'ai-je commis contr'eux pour subir l'esclavage,
Et pour me voir ainsi durement enchaîné?
Me font-ils expier le crime d'être né?
Si c'est là le forfait dont me punit leur rage;
Avec tout ce qui vit, Sigismond le partage.
   J'ai pour complice l'Univers;
Cependant ici bas jusqu'au poisson qui nage,
  Jusqu'à l'oiseau qui fend les airs,
Tout est né libre, & je porte des fers,
Moi, qui par ma raison, par mon noble courage
  Sens que je suis leur plus parfait ouvrage.
Si tu veux à mes yeux prouver ton équité,
O Ciel! unique auteur des tourmens que j'endure,
Fais partager mes fers à toute la nature,
  Ou donne-moi la Liberté
Dont jouit en naissant ta moindre créature.

ARLEQUIN.

  Vraiment il raisonne assez bien.
Si j'osois, avec lui j'aurois un entretien.

SIGISMOND.

  Dans ces demeures soûteraines,
Que ne puis-je goûter la funeste douceur
D'avoir un compagnon de mes cruelles peines,

COMEDIE HEROIQUE.

Pour foulager l'excès de ma douleur!
Il porteroit du moins la moitié de mes chaînes.

ARLEQUIN.

Le difcours que j'entends me remplit de frayeur.
Ah! s'il alloit me faifir, miferable!
Mais Clotalde revient. Cachons-nous dans ce coin
Pour fçavoir s'il n'a pas commerce avec le Diable.
De tout fans être vû je ferai le témoin.
(Il fe retire dans un coin)

SCENE V.

SIGISMOND, CLOTALDE, ARLEQUIN caché.

SIGISMOND.

Mes maux font éternels comme ma folitude
Et mon efprit éclairé par l'étude
Ne fert qu'à les approfondir,
Et qu'à me faire mieux fentir
Les horreurs de ma fervitude.
Mais je vois devant moi le tiran de mes jours.
Dis-moi, de mes tourmens quand finira le cours;
Quand pourrai-je un inftant joüir de la lumiere?

Ou de ta bouche au moins apprendre qui je suis.
Dévoile moi.....

CLOTALDE.
Je ne le puis.
Soumettez-vous.

SIGISMOND.
Voilà ton langage ordinaire,
Et je ne vois jamais mes doutes éclaircis :
Cependant, si j'en crois les Livres que je lis ;
Instruire est le devoir d'un Maître.

CLOTALDE.
Les Dieux n'approuvent point la curiosité
Que vous faites paroître.

SIGISMOND.
Clotalde je suis homme. En cette qualité
Je mérite de me connoître.

CLOTALDE.
Ah, vous ne l'êtes plus par votre cruauté.

SIGISMOND.
Tes affreux traitemens font ma ferocité,
Et si je suis cruel tu m'enseignes à l'être,
Sur les parens qui m'ont fait naître,
Une éternelle obscurité,
Des fers, une prison sauvage
Sans nul espoir de liberté ;
Nul relâche à mes maux qu'accroît ta dureté,

COMEDIE HEROIQUE.

Barbare, voilà mon partage
Et tes leçons d'humanité.

CLOTALDE.

J'exécute l'arrêt que le Ciel a dicté
Pour mettre un frein à votre violence
Dont il est revolté;
C'est elle, c'est votre arrogance
Qui vous a fait proscrire avant votre naissance;
Dépouillez donc tant de fierté.
Vous ne sçauriez desarmer sa vengeance
Que par l'humilité,
Par la douceur & par l'obéissance.

SIGISMOND.

Ce discours me revolte: Est-ce par la rigueur
Que l'on prétend m'inspirer la douceur?
Tes châtimens cruels, ta conduite severe
Ne font qu'augmenter ma fureur,
Et dans les mouvemens qui saisissent mon cœur....

CLOTALDE.

Aux transports de votre colere,
Ces murs vont servir de barriere,
Ils sçauront vous humilier.

SIGISMOND.

Tu peux trancher mes jours, non me faire plier;
Et je brave......

LA VIE EST UN SONGE.
CLOTALDE.
Qu'on le saisisse,
Et qu'on l'enferme sans tarder.
SIGISMOND.
Dieux ! qu'à la force il est dur de ceder,
Et que la dépendance est un cruel supplice
Pour un cœur qui se sent digne de commander !
(On l'entraîne, & la porte de la Tour se referme.)

SCENE VII.
LE ROY, ULRIC, CLOTALDE, ARLEQUIN *caché.*

LE ROY *Sortant du lieu où il étoit caché.*

Quel spectacle touchant pour les regards d'un
pere !
Dieux ! qu'il accroît le remords de mon cœur !
Que l'état de mon fils m'a fait sentir d'horreur ;
Et que l'aspect de sa misere
M'a bien puni de ma rigueur !
Astres cruels, que je devois moins croire,
Ah ! j'ai pris trop de soin de vous justifier
Si ses emportemens semblent verifier,
Votre prédiction si terrible & si noire,

COMEDIE HEROIQUE.

Vous n'en devez toute la gloire
Qu'aux barbares moyens que j'ai fait employer;
Mon fils étoit né bon, vertueux, débonnaire,
Ma cruauté pour lui, mes ordres rigoureux
Ont aigri son orgueil, allumé sa colere.
    J'ai moi seul, malheureux!
Fait un tiran d'un Prince généreux.
Que dis-je? Les transports que son cœur fait paroître
    Partent d'une noble fierté;
    Digne du sang qui l'a fait naître.
J'ai vû même au travers de sa ferocité,
    Briller des traits de générosité;
    Qui pour mon fils, me l'ont fait reconnoître.

CLOTALDE.

Seigneur, de ce retour Clotalde est enchanté.
Contre un fils malheureux, victime de mon zele,
A regret j'ai servi votre severité.
En vous obéissant dans ma charge cruelle,
J'ai soupiré cent fois de ma fidélité;
    Grand Roi, pour prix de mon obéissance
    Accordez moi sa liberté;
Je serai trop payé par cette récompense
    Qu'à vos genoux, j'ose vous demander.
Rendez à vos sujets leur Prince legitime,
Et recouvrez un fils né pour vous succeder;

Qu'il passe de l'horreur de cet affreux abîme,
Au Thrône qu'il doit posseder :
Cessez de redouter la fureur qui l'anime ;
Dès qu'il reconnoîtra la splendeur de son sang
Il sera magnanime,
Et sçaura se montrer digne de ce haut rang.
Ne resistez donc plus à l'ardeur qui m'entraîne,
Et laissez-vous fléchir,
Faites que ce bras qui l'enchaîne
Ait le bonheur de l'affranchir,
Dût-il aujourd'hui, dût-il m'en punir,
Dût-il dans cette Tour affreuse
Me rendre tous les maux, dont ma main rigoureuse
L'a malgré moi fait si long-tems gémir ;
Il me sera plus agréable
De vivre dans les fers accablé de rigueurs,
Et de faire regner mon Maître véritable
Que d'être l'instrument de son sort déplorable,
Et de me voir comblé de toutes vos faveurs.

ULRIC.

Seigneur, c'est tout l'Etat qui par sa voix s'explique
En cette dure extrêmité ;
La nature, les loix, la raison, l'équité,
Même la politique.
Tout vous parle en faveur d'un Successeur unique.
Comme

COMEDIE HEROIQUE.

Comme lui devant vous je me prosterne ici.
ARLEQUIN *Sortant de son coin.*
Seigneur je viens m'y prosterner aussi,
Ayez pitié d'un fils que j'ai pris pour le Diable,
Tant vous l'avez reduit en un sort pitoyable.
Par les pleurs qu'à vos pieds vous me voyez verser....

LE ROY.
Levez-vous, votre Roi voudroit vous exaucer;
Mais puis-je, tel qu'il est, me déclarer son pere,
Et pour le couronner,
Ce Prince est-il, hélas! en état de regner ?
Donnerai-je un tiran à la Pologne entiere ?
Non, quels que soient les cris de mes remords pressans,
Je ne dois écouter que mon amour pour elle ;
Il étouffe en mon cœur l'amitié paternelle,
Et mes sujets sont mes premiers enfans.

CLOTALDE.
Ah ! si vous consultez le bien de la Patrie,
Vous remettrez le Sceptre aux mains de votre fils;
Le Prince Federic, grand Duc de Moscovie ;
Et la Princesse Sophronie
De votre sang également sortis,
Divisent tout l'Etat en proye à deux partis.
Il aime en vain cette Princesse,

Et voudroit par l'hymen voir leurs droits réünis;
On sçait qu'elle a toûjours rejetté sa tendresse;
L'hymenée est un joug qui blesse sa fierté,
Et comme son courage égale sa beauté,
Elle veut regner seule & n'avoir point de maître;
Je doute, quand son cœur pourroit y consentir,
  Que l'on voulût d'ailleurs le reconnoître.
Par un Prince étranger, s'il se voyoit regir,
L'Etat de la Pologne auroit trop à rougir.
C'est allumer les feux d'une guerre civile ;
C'est trahir votre fils pour troubler vos sujets.
Lui seul, Seigneur, lui seul peut assurer la paix.
Sigismond reconnu va rendre tout tranquille.
Ce nom seul vous répond du cœur des Polonois;
 Il n'appartient qu'au fils du grand Basile ,
  De réünir toutes les voix.

LE ROY.

Grands Dieux ! que dois-je faire en cette conjoncture ?
Daignez, pour terminer mon funeste embarras,
M'inspirer le moyen d'accorder la nature
  Avec le bien de mes Etats.
Faites que je sois Roi sans cesser d'être Pere ;
Que la prudence en moi guide le sentiment.....
Ils exaucent mes vœux ; je sens, dans ce moment,

COMEDIE HEROIQUE.

Qu'ils viennent m'éclairer par un trait de lumiere.
Pour éprouver mon fils & lui faire essayer
Le Sceptre paternel, sans exposer l'Empire,
  Clotalde, aprends ce que le Ciel m'inspire,
   Et que ton art doit employer.
  Par la vertu d'un breuvage propice,
   Il faut dans un sommeil profond
  Ensevelir le Prince Sigismond.
   Et, profitant de l'artifice,
Tandis qu'il goûtera les douceurs du repos;
Il faut briser les fers qu'il porte en ces cachots:
L'orner de tout l'éclat de la magnificence,
Et, l'arrachant du fond de cet affreux séjour,
   Le transporter au milieu de ma Cour
  A qui de tout j'aurai fait confidence;
Ensuite, à son reveil, je veux que sans détour
   Tu lui découvres sa naissance,
Et que mes courtisans lui rendent, tour à tour,
  Tous les honneurs qu'on rend à ma puissance;
   Je verrai dans ce jour
   Par cet innocent stratagême,
Comment il usera de la grandeur suprême;
Je verrai si je dois n'écouter que l'amour,
  Et lui laisser le Diadême:
Sa conduite sera son arrêt elle-même.
  Puissent les Dieux dans cet heureux sommeil

B ij

LA VIE EST UN SONGE.

Changer son cœur trop sanguinaire,
Et lui donner d'un Roi l'auguste caractere!
Puisse ce Prince, à son réveil,
Se trouver les vertus que demande l'Empire,
Et paroître à mes yeux tel que je le desire!
Il est tems de me rendre au Conseil qui m'attend.

(*A Clotalde.*)

Du sort de Sigismond ton maître va l'instruire.
Toi, cours exécuter ce qu'il t'a sçû prescrire.

CLOTALDE.

J'y vole,

ARLEQUIN *sautant au col du Roi.*

Papa Roi, pour ce trait éclatant
Souffrez qu'Arlequin vous embrasse,
Et qu'il courre annoncer le Prince à vos Etats.
Je le sçavois bien, moi, que j'obtiendrois sa grace;
Et que contre mes pleurs le Roi ne tiendroit pas.

ACTE II.

*Le Théatre repréſente la Chambre du Roi. Sigiſ-
mond paroît endormi ſur un Thrône & richement
vêtu, pluſieurs Officiers ſont prêts à le ſervir.*

SCENE PREMIERE.

SIGISMOND endormi, ULRIC, ARLEQUIN, PLUSIEURS OFFICIERS.

SIGISMOND en s'éveillant.

OU ſuis - je ? juſtes Dieux ! Eſt - ce un ſonge
agréable ?
Eſt-ce l'effet d'un doux enchantement
Qui transforme en un lieu charmant,
Une priſon épouvantable,
Et qui change mes fers & l'habit miſerable
Qui m'a couvert juſques à ce moment,
En un ſuperbe vêtement ?
Chaque objet m'arrête & m'étonne !
Juſqu'à l'Aſtre brillant qui répand la clarté,
Tout à mes yeux eſt une nouveauté.
Mais quelle attention attire ma perſonne ?

Quelle nombreuse Cour paroît autour de moi ?
Quel zéle ? Quel respect ? Quel éclat m'environne ?
   Tout m'annonce que je suis Roi.
   Au sein de mon bonheur suprême
   Ce dont je suis le plus flatté,
Je sens que je suis libre, & maître de moi-même.
   Rien ne contraint ma volonté.
   Le doute seul dont je suis agité,
   Altere un bien si délectable.
O Ciel ! jusques au bout montres-toi favorable ;
Et pour mettre le comble à ma felicité,
Prouves-moi que je veille en cet instant aimable,
   Et que mon regne est une vérité.
  (*En considerant l'Epée qu'on lui presente.*)
Quel est cet ornement dont ma vûë est frapée,
   Et dont j'aime sur tout l'éclat !
    ULRIC.
   Prince illustre c'est votre Epée,
   C'est le soutien de votre Etat,
Et le foudre vengeur qu'en votre main terrible
   Les immortels ont mis,
   Pour vous rendre un Prince invincible,
   Et pour punir vos ennemis.
    SIGISMOND.
Puisque ce fer brillant rend un Roi formidable.
 Puisque par lui je dois vaincre & punir,

De vos prefens, grands Dieux! c'est le plus agréable:
Mon bras déja brûle de s'en servir.
ULRIC, *lui mettant l'Epée à son côté.*
C'est ainsi qu'on la porte Sire.
ARLEQUIN *pouffant une botte.*
Et C'est ainsi que l'on la tire.

SCENE II.

Les Acteurs precedens, CLOTALDE.

CLOTALDE.

SEigneur, je viens en vous reconnoître mon Roi.

SIGISMOND.

Est-ce Clotalde que je voi?
Pour m'infulter vient il me rendre hommage;
Lui qui m'a fait gemir dans un dur esclavage?
Comment, & de quel front paroît-il devant moi?

CLOTALDE.

Seigneur pour chasser le nuage
Qui sur vos sens surpris répand l'obscurité;
Je vais sans tarder davantage
Faire à vos yeux briller la verité:
Les honneurs qu'on vous rend, ce Palais magnifique,

Ne sont point les effets d'un songe chimerique;
Ce spectacle nouveau qui vous tient enchanté
Est pour vous un bonheur plein de réalité.
Pendant votre sommeil, de votre antre rustique
A la Cour de Pologne on vous a transporté;
Du Roi Basile enfin vous êtes fils unique,
Lui-même à son Conseil l'a déja déclaré;
On porte jusqu'au Cieux votre nom reveré,
Et vous faites, Seigneur, l'allegresse publique.
SIGISMOND.
Pourquoi m'avoir caché le sang dont je suis né ?
    Si ton discours est véritable,
Pourquoi traiter ton Prince infortuné
    Comme un esclave miserable ?
CLOTALDE.
Pour obéïr, Seigneur, aux celestes décrets,
    Et détourner de vous les noirs effets
Des Astres irrités que craignoit votre Pere,
Et qui vous menaçoient d'être un Roi sanguinaire.
SIGISMOND.
Ah ! traitre ! sont-ce là d'assez fortes raisons
Pour condamner un fils, un Prince légitime
    A la plus dure des prisons ?
Et toi, premier objet du courroux qui m'anime,
Toi qui fus l'instrument d'un supplice inoüi,
Comment à ce Monarque as-tu donc obéi ?

COMEDIE HEROIQUE.

Comment auprès de moi justifier ton crime ?
Malheureux ! tu devois du moins
A mes regards dévoiler ma naissance,
Je n'aurois pas trahi ta confidence,
Je n'avois dans mes fers que tes yeux pour témoins.
J'en aurois moins gémi flaté par l'esperance,
Et mon cœur, dans ce jour, eût reconnu tes soins.

CLOTALDE.

Seigneur, j'avois juré de garder le silence,
On m'auroit vû souffrir la mort avec constance
Plûtôt que de le rompre.

SIGISMOND.

Ah ! tu la souffriras,
Pour avoir trop gardé ce silence funeste ;
Ministre affreux que je déteste,
Je veux par ma vengeance effrayer ces Etats.

CLOTALDE.

Seigneur, que votre ame reprime....

SIGISMOND.

Tu m'oses repliquer, perfide, tu mourras ;
Tu seras dans ce jour la premiere victime
Et le premier tiran qu'immolera mon bras.

ULRIC *l'arrêtant.*

Par un meurtre, Seigneur, ne vous noircissez pas.

CLOTALDE *en sortant.*

Malheureux ! il se perd ; & sa fureur extrême
Me fait trembler pour lui bien plus que pour moi-
même.

SCENE III.

SIGISMOND, ULRIC, ARLEQUIN.

SIGISMOND *à Ulric qui veut le retenir.*

Sujet audicieux, quoi ! tu retiens mes pas ?

ULRIC.

Seigneur, souffrez que je vous fasse entendre.....

SIGISMOND.

Arrête, ton discours ne peut que m'offenser.
Si tu dis un seul mot.....

ULRIC.

Je ne puis me défendre.....

SIGISMOND

Puisqu'il répond, sans balancer
Du haut de ce balcon précipites le traître.

ARLEQUIN.

C'est pour lui faire peur, je ne sçaurois penser.....

SIGISMOND.

Si tu ne m'obéis, toi-même tu vas être.......

COMEDIE HEROIQUE.

ARLEQUIN *saisissant Ulric*.

Pardon c'est à regret, mais il commande en maître;
Et je ne puis me dispenser
De vous jetter par la fenêtre,
Je suis novice en cet emploi.

SCENE IV.

LES ACTEURS PRECEDENS, LE ROY.

LE ROY.

DE tels emportemens sont indignes d'un Roi,
   Calmez un transport condamnable.

SIGISMOND.

Qu'entens-je?

LE ROY.

   Vous devez m'écouter & songer
Qu'un Prince qui s'oublie au point de se plonger
Dans le sang d'un sujet, fût il même coupable,
Deshonore son bras au lieu de se venger.

SIGISMOND.

Je me sens arrêter par son air respectable...
Qui donc es-tu, réponds, ô vieillard venerable;
   De qui l'aspect aussi noble que doux,
   A le pouvoir d'enchaîner mon courroux?
Dans mon cœur étonné ta presence fait naître

Des mouvemens secrets qu'il ne peut démêler,
    Qui font que j'aime à te parler,
    Que je brûle de te connoître.
       LE ROY *à part.*
Ah ! de ma joye à peine suis-je maître !
    Le sang lui parle en ma faveur.
       (*Haut.*)
    Quoi, Prince, j'aurois le bonheur
    De triompher par ma presence
Des sentimens de haine & de vengeance...
       SIGISMOND.
   Oüi tu les suspens dans mon cœur.
   Sur moi quelle est donc ta puissance ?
Tes seuls regards domptans ma violence,
Me forcent d'approuver jusqu'à la liberté
Que tu prends de combattre ici ma volonté.
    Satisfais mon impatience,
   Quel es-tu ? Parles, explique toi ?
   Va, quels que soient ton rang & ta naissance,
    Sois sûr des faveurs de ton Roi ;
Je sens que je ne puis t'approcher trop de moi.
      LE ROY *à part.*
O ! Pere trop heureux !
      (*Haut.*)
     Je me flatte j'espere
    Quand je serai connu de vous,

De redoubler encor des sentimens si doux.
SIGISMOND.
Qui peut les augmenter ? Je t'aime, te revere
LE ROY.
Nature ! c'en est trop, je cede à ton effort.
Je suis...
SIGISMOND.
Eh bien, acheve, instruis-moi de ton sort.
LE ROY.
Embrasse-moi, mon fils, & reconnois ton Pere.
SIGISMOND.
Mon Pere ! ah Dieux ! l'auteur de mes tourmens?
Ce nom ralume ma colere.
LE ROY.
Quoi ! le titre sacré de, Pere, en ces momens
N'excite en toi que des fremissemens?
Quand mon ame se livre entiere,
Aux prompts & tendres mouvemens
Qu'inspire pour un fils la nature sincere,
La tienne se refuse à mes embrassemens?
SIGISMOND.
La voix du sang chez moi ne s'est point tûë.
Tu viens de voir à ta premiere vûë;
Avec combien d'ardeur, prompt à se devoiler,
Pour toi ce sang vient de parler
Dans le fond de mon ame émûë.

Si pour ton fils; quand tu l'a mis au jour,
Barbare, il t'eût parlé de même,
Tu ne reduirois pas aujourd'hui cet amour;
A se changer en une haine extrême ?
LE ROY
Ma tendresse presente auroit dû triompher.
Cette haine est un monstre & tu dois l'étouffer.
Reprens l'amour d'un fils pour un Pere qui t'aime.
SIGISMOND.
Non, ne l'espere pas, les maux que tu m'as faits;
Dans mon esprit sont gravés pour jamais.
LE ROY.
Ah! ces retours affreux & l'horreur qu'ils t'inspirent,
Me font trop voir que les Astres sont vrais
Dans le malheur qu'ils me prédirent :
Il est écrit sur ton front irrité ;
Et j'y lis d'un Tiran toute la dureté.
SIGISMOND.
Pere cruel! dont la bouche m'outrage,
Si je suis un Tiran, n'en accuses que toi ;
Par ton ordre, élevé comme un monstre sauvage,
Je ne fais que répondre aux soins qu'on eut de moi,
J'imite ton exemple, & je suis ton ouvrage ;
D'autant plus excusable en mon emportement

Que la raison l'approuve, & que ma tirannie
Par un juste retour & par un mouvement
   Que la nature justifie
N'aspire qu'à punir les tirans de ma vie ;
Mais toi, pere coupable & Bourreau de ton fils ;
Tu t'es montré cruel contre toute justice,
Contre les droits humains & les Loix du Pays.
Pour m'enterrer vivant dans un noir précipice
Quel forfait en naissant avois-je donc commis ?
C'est peu de me cacher à ma Patrie entiere,
Tu m'as tout refusé jusques à lumiere :
Pour la premiere fois aujourd'hui j'en joüis.
   Dans les transports de sa colere
Contre moi, que pourroit imaginer de pis
   Le plus mortel de tous mes ennemis ?
Parens dénaturés, à vos ordres bisarres,
Quoi ! nos jours innocens seront-ils asservis ?
Serez-vous envers nous impunément barbares ?
Et les ressentimens nous sont-ils interdits ?
Non, non, c'est une erreur dont vous êtes séduits.
   Par une sage prévoyance
Les équitables Dieux ont borné vos pouvoirs.
   Ainsi que nous, vous avez vos devoirs.
Et si nous vous devons avec l'obéissance
Des marques de respect & de reconnoissance ;
Vous nous devez des soins à votre tour,

Conformes à notre naiſſance,
Et des preuves de votre amour.
LE ROY.
Si j'ai condamné ton enfance
C'eſt malgré moi que je l'ai fait,
Et jai voulu te ſouſtraire au forfait
Où devoit t'entraîner la maligne influence
De l'Aſtre qui te dominoit.
SIGISMOND.
Mais toi-même, ſans crime, as-tu pû l'entrepren-
dre?
Etoit-ce à toi de lire dans les Cieux?
Et de vouloir forcer l'ordre des Dieux
Par d'injuſtes moyens qu'ils t'avoient ſçu défen-
dre?
N'étoit-ce pas à toi de les laiſſer agir?
Et ne devois-tu pas attendre
Que je fuſſe coupable avant de me punir.
LE ROY.
C'eſt un crime que je répare.
Les biens dont aujourd'hui te comble ma bonté
Doivent éteindre un ſouvenir barbare.
Imites ma douceur & non ma cruauté:
Du courroux qui t'aigrit, quel que ſoit le murmure,
Souviens-toi qu'il eſt beau d'oublier une injure.

SIGISMOND

COMÉDIE.
SIGISMOND.
Il est plus doux de s'en venger,
Et puisque de mes fers je me vois dégager
Puisqu'enfin mes destins éclaircis par toi-même,
Me rendent l'heritier de ton pouvoir suprême;
Pour punir mes tirans, je sçaurai m'en servir.
Leur crime fait trembler par sa noirceur extrême,
Ma vengeance fera fremir.
LE ROY.
Fils inhumain, c'est trop te méconnoître,
Tu crois déja regner, & me parles en Maître.
Rentre en toi-même, & sors de ton erreur;
Loin de t'enorgeüillir d'une vaine grandeur
Que tu ne dois qu'à ma tendresse,
Regarde-la plûtôt comme un songe trompeur,
Qui te séduit par son yvresse.
Repens-toi d'écouter ta fureur vengeresse.
Crains de dormir encore dans tes transports divers,
Et tremble à ton réveil de te voir dans les fers,
Et dans ta premiere bassesse.

(Il sort.)

SCENE VI.

SIGISMOND *seul.*

SEroit-il vrai, Grands Dieux, que mon destin brillant
Fût d'un songe imposteur, l'ouvrage fantastique ?
Verrai-je, malheureux ! ma grandeur chimérique,
S'évanoüir en m'éveillant ?
Rentrerai-je en mes fers ?..... Non, je ne puis le croire.
Chaque objet qui me frappe, & chaque événement,
Pour n'être qu'un vain songe, au fond de ma mémoire
Se grave trop profondément.
Chassons de mon esprit une terreur si noire
Quand de la vérité ma raison me répond ;
Et pour douter un instant de ma gloire,
Je sens trop que je suis le Prince Sigismond,
Je le sens encore mieux aux mouvemens de rage
Dont mon pere a rempli mes esprits furieux.
Tout ce qui s'offre à moi me paroît odieux.

SCENE VII.

SIGISMOND, ARLEQUIN.

ARLEQUIN.

Nous allons voir un beau tapage :
Mais il est en fureur, & je suis seul ici.
Je tremble.

SIGISMOND.

Qui donc es-tu ? dis.

ARLEQUIN *à part.*

Ah ! je lui dirois bien qu'Arlequin est son frere ;
Mais il a, le brutal, trop mal reçu son Pere.

SIGISMOND.

Réponds-moi donc. Quelle est ta qualité ?

ARLEQUIN *à part.*

Quel air rebarbatif ? J'en suis épouvanté.
(*haut*)   (*bas*)
Seigneur, je suis.... Je crains qu'il ne m'assomme.

SIGISMOND.

Veux-tu parler ?

ARLEQUIN.

Je suis... je suis un Gentilhomme.

SIGISMOND.

Est-ce de la Cour du Roy ?

ARLEQUIN.
Non.
Un Gentilhomme, là.... de conversation.
SIGISMOND.
De conversation ! Par là que veux-tu dire ?
ARLEQUIN.
Je veux dire autrement, Gentil-homme Boufon,
Ou Gentilhomme qui sait rire.
SIGISMOND.
Fais moi rire.
ARLEQUIN.
Ah ! voilà pour m'interdire.
SIGISMOND.
Veux-tu me faire rire ?
ARLEQUIN *à part.*
Il me le dit d'un ton
A me faire trembler. La terreur qu'il m'inspire
Me donne déja le frisson.
SIGISMOND.
Quand me feras-tu rire, hem ?
ARLEQUIN.
Tout à l'heure, Sire.
(*à part.*)
D'y réüssir je ne puis me flatter.
Son visage me desepere.

COMEDIE HEROIQUE.
SIGISMOND.
Fais moi rire au plus vîte, ou je te fais sauter
Du haut de ce Balcon.
ARLEQUIN à part.
Il est homme à le faire.
C'est ainsi qu'à la Cour on se voit balotté.
J'étois tantôt jetteur, & vais être jetté.
SIGISMOND.
Puisque je ne ris point, ton audace punie
ARLEQUIN.
(à part)
Sire, un moment. Quel est mon sort infortuné !
Riez-vous aisément, dites-moi, je vous prie ?
SIGISMOND.
Non, je n'ai jamais ri depuis que je suis né.
ARLEQUIN.
Ah ! gare le Balcon ! c'est fait de notre vie.
Malheureux Arlequin, tu vas faire le saut.
Voyons un peu s'il est bien haut.
Sa hauteur m'épouvante, & d'horreur j'en frissonne.
Avant d'exposer ma personne,
Je vois qu'il est de mon honneur,
De faire rire Monseigneur.
De bien réjouir son Altesse.
A présent je suis en humeur.
(après plusieurs lazzis,)

Je ne vous fais pas rire, & cette gentillesse....
SIGISMOND.
Non, tu me fais plûtôt dépit.
ARLEQUIN.
Cette mine, avoüez qu'elle vous divertit,
SIGISMOND.
Elle me révolte au-contraire.
ARLEQUIN *à part.*
Il me fera perdre l'esprit.
(*à Sigismond.*)
Et ce lazzi que vous me voyez faire,
Ne le trouvez-vous pas charmant ?
SIGISMOND.
Il me paroît impertinent.
ARLEQUIN.
Cet entrechat a-t'il l'art de vous plaire ?
SIGISMOND.
Il a celui de me mettre en colere.
ARLEQUIN *à part.*
Je suis à bout de mon rôle à présent.
Que deviendrai-je, miserable ?
(*haut*)
Prince, êtes-vous chatouilleux ?
(*Il le chatoüille.*)
SIGISMOND.
Insolent.

COMEDIE HEROIQUE.

Tu vas servir d'exemple à tout mauvais plaisant.
ARLEQUIN *se jettant à ses pieds.*
Ayez pitié d'un misérable !
J'ai crû vous faire rire & je suis pardonnable.
SIGISMOND.
Il n'est qu'un seul moyen de te sauver le jour.
C'est de m'apprendre sans détour
Deux choses que je veux connoître.
Premierement, dis-moi, dans cette Cour
Si je suis en effet le maître ?
ARLEQUIN.
N'en doutez pas, Seigneur, puisqu'il dépend de vous
De me jetter par la fenêtre.
Votre bras vous répond des hommages de tous.
SIGISMOND.
Ce n'est pas tout, il faut m'instruire
De tous les Grands de cet Empire,
Qui sont du sang Royal sortis.
Je veux tous les connoître, afin de les détruire;
Descendus de Basile, ils sont mes ennemis.
ARLEQUIN *tirant un Almanach de sa poche.*
Cet Almanach va vous le dire.
Tenez, Sire, (on vous a sans doute appris à lire.)
Vous verrez là dedans tous les noms des Proscrits.

C iiij

SIGISMOND.
Lis toi-même.
ARLEQUIN.
Seigneur...
SIGISMOND.
Lis donc sans plus remettre.
ARLEQUIN.
Lisons, quand je devrois épeller chaque lettre.
(il lit.)
Féderic âgé de trente ans,
Neveu du Roi, Grand Duc de Moscovie.
(il s'interrompt.)
Sur le Trône ce Duc comptoit depuis long tems ;
Mais il comptoit sans l'hôte.
(il continuë à lire.)
Sophronie,
Dans sa vingtiéme année, & Niéce aussi du Roi,
(il parle.)
Seigneur, vous avez là, ma foi,
Une Cousine fort jolie.
C'est dommage, s'il faut qu'elle perde la vie.
Je l'apperçois qui vient, jugez-en par vos yeux.
SIGISMOND.
Que de beautés ! voilà le chef-d'œuvre des Dieux.
J'oublie en la voyant qu'elle est mon ennemie.
Mes sens sont enchantés.

SCENE VIII.

SIGISMOND, SOPHRONIE.

SOPHRONIE.

SEigneur, vous voulez bien
Que je vous rende ici mon hommage sincere.
SIGISMOND.
Ah ! recevez plûtôt le mien,
Princesse : A mes regards cette Cour n'offre rien
Que n'efface d'abord votre vive lumiere.
Quel changement en moi votre aspect vient de faire !
Je ne suis plus le même. A cet aimable aspect
Je me sens entraîner par un désir rapide ;
Et retenir par le respect.
Vous enflamez mon cœur & le rendez timide.
De vos yeux l'éclat est si doux
Que je n'admire plus l'Astre qui nous éclaire ;
Leur charme est si puissant qu'il suspend mon courroux.
S'il me souvient encor des cruautés d'un pere,
C'est pour m'avoir privé si longtems du bonheur

De voir tant de beautés, que mon ame préfere
A tout ce que le Sçeptre offre de séducteur.
C'est pour m'avoir caché jusqu'ici mon vainqueur,
Et ne m'avoir pas fait plus digne de lui plaire.

SOPHRONIE.

Seigneur, un tel accueil a lieu de m'étonner.
J'ai cru ne voir en vous qu'un ennemi terrible,
Que contre tous les siens doivent trop indigner
   Vingt ans d'une prison horrible.

SIGISMOND.

Après vous avoir vûë, ah! peut-on vous haïr?
Des injustes tourmens que l'on m'a fait souffrir,
  Vous n'êtes point d'ailleurs coupable ;
  Et quand vous en seriez l'auteur,
  Le Ciel vous forma trop aimable
Pour ne pas triompher de toute ma fureur.
Il n'est rien que vos yeux ne rendent excusable.

SOPHRONIE.

Vous redoublez ma surprise, Seigneur.
Quoi! vous me connoissez, vous me parlez à peine
Et vous me faites voir les feux les plus ardens.

SIGISMOND.

Je ne sçai, mais enfin voilà ce que je sens ;
Tel est l'effet subit de l'amour qui m'entraîne.
Du cœur de votre Prince, il vous rend souveraine,

De la Pologne en même-tems,
Charmante Sophronie, il vous déclare Reine.
Le Trône est votre rang ; vous l'avez mérité,
Et par droit de naissance, & par droit de beauté.
Vous ne répondez point. Que faut-il que je pense,
Et de votre embarras, & de votre silence ?
Haïriez vous le Trône avec moi partagé ?
S'il étoit vrai, quel coup pour mon cœur qui vous
   aime !
Les maux, où dans ma Tour je me suis vû plongé,
Seroient doux, comparés à ce malheur extrême.

SOPHRONIE.

Je vois dans vos transports regner tant de candeur
Que je dois les payer d'une entiere franchise.
Et comme la vertu préside à votre ardeur,
  Elle m'engage, & m'autorise
  A vous dévoiler tout mon cœur.
Apprenez que j'en suis souveraine maîtresse,
 Et que toûjours il brava la tendresse.
Des courtisans flateurs le langage affecté,
Leurs vices travestis avec habileté ;
Sous les dehors trompeurs d'une humble politesse,
Et leurs hommages faux l'ont toûjours revolté.
Leur ardeur peu sincere & sans délicatesse,
Leur penchant invincible à l'infidélité,
  L'ont garanti de sa foiblesse.
Il s'est armé contr'eux d'une juste fierté.

En s'éloignant du sein de la nature aimable,
Ils ont rendu l'amour à mes yeux méprisable.
    Vous seul, Seigneur, me l'avez présenté
      Sous une forme redoutable,
Tel que je le craindrois pour ma tranquillité.
Vous me l'avez fait voir plein d'ingenuité,
    Accompagné d'un trouble veritable,
Et mêlé de respect & de timidité.
Si sa voix à mon cœur pouvoit se faire entendre,
C'est en votre faveur qu'elle lui parleroit.
     Et si ce cœur pouvoit se rendre,
    C'est à vos feux qu'il se rendroit.

SIGISMOND.

Si mon amour vous plaît, pourquoi vous en dé-
  fendre?
     Et pourquoi ne pas accepter
   Le Sceptre, où vous devez prétendre,
Et qu'orneront vos mains en daignant le porter?

SOPHRONIE.

Du bien que vous m'offrez je suis reconnoissante.
C'est tout ce que pour vous je puis faire éclater.
   Plus je suis près du rang qu'on me presente,
   Et moins je suis maîtresse d'y monter.

SIGISMOND.

Eh, de qui donc êtes vous dépendante,

COMEDIE HEROIQUE.

Vous, faite pour regner & pour donner la loi?
SOPHRONIE.
De votre Pere, de mon Roi.
SIGISMOND.
Quoi ! Sur vous le barbare étend sa tirannie ?
SOPHRONIE.
C'est un droit naturel qu'il a sur Sophronie.
Il a seul le pouvoir de disposer de moi ;
  A vos vœux son choix est contraire.
SIGISMOND.
  Ah ! je cours trouver l'inhumain,
Et ma rage.....
SOPHRONIE.
  Arrêtez. Quel est votre dessein ?
Est-ce par la fureur que vous croyez me plaire ?
  A ce transport mettez plûtôt un frein.
Contre un Pere, Seigneur, & contre un Souverain
  Jamais elle n'est legitime...
Basile est seul maître de mon destin,
On ne peut à ses loix me soustraire sans crime.
Par d'autres sentimens méritez mon estime ;
  Et gravez bien dans votre souvenir
  Que la vertu la peut seule obtenir.
Adieu.

SCENE IX.
SIGISMOND, ARLEQUIN.
SIGISMOND.

PRinceſſe, eh bien, j'étouferai ma haine;
Mais d'un ſi noble effort vous ſerez donc le prix,
Avec vous je ſuivrai la clemence ſans peine ;
Je ſerai généreux envers mes ennemis.
Mais ſans vous il n'eſt point de frein qui me retienne.
A mon reſſentiment tout deviendra permis.
Il faut que tout periſſe, où que je vous obtienne.
ARLEQUIN.
Eh bien, Seigneur, peut-on ſçavoir de vous
Comment vous trouvez la Princeſſe ?
SIGISMOND
Charmante & digne enfin de toute ma tendreſſe.
Sa beauté dans mon ſein allume tant de feux
Que pour m'en voir le poſſeſſeur heureux,
Je ſuis prêt d'oublier tout ce qu'à fait mon Pere.
Elle a dans un inſtant changé mon caractere.
Le ſeul ſon de ſa voix a domté ma fureur,
La douceur de ſes yeux a paſſé dans mon cœur;

COMEDIE HEROIQUE.

Elle vient de verser dans mon ame charmée
Le desir de la gloire, & l'oubli de mes maux.
Pour la seule vertu je la sens enflammée
Et d'un tiran en moi l'Amour fait un Heros.

ARLEQUIN.

Seigneur, ma joye en est extrême ;
Mais je crains fort pour votre amour
Que Monsieur Federic qui l'aime,
Ne vous la souffle dans ce jour.

SIGISMOND.

Dieux ! Federic brûle pour elle !
Il aspire à sa main ! mais parles, est-il aimé ?

ARLEQUIN.

Non, elle a pour ce Prince une haine mortelle.
Mais vous n'en devez pas être moins allarmé,
Car le bruit court que le Roi la lui donne
Pour le consoler entre nous,
De la perte de la Couronne.
On dit que dans trois jours il sera son Epoux.

SIGISMOND.

Le perfide plûtôt perira sous mes coups.

ARLEQUIN.

Vous pouvez lui parler ; car je le vois paroître.

SIGISMOND.

A son aspect je ne suis plus le maître
De mes ressentimens jaloux.

SCENE X.

SIGISMOND, FEDERIC, ARLEQUIN.

FEDERIC.

Prince dont le noble courage...
SIGISMOND.
Epargnez-vous un vain hommage
Qui gêne votre cœur, & revolte le mien.
FEDERIC.
Seigneur, vous offensez le Duc de Moscovie,
L'hommage qu'il vous rend ne le contraint en rien,
Puisqu'il vient vous prier d'approuver le lien,
Qui doit l'unir à Sophronie.
SIGISMOND,
Ah! témeraire, oses-tu bien
Me parler d'approuver un lien qui m'outrage?
Renonces-y toi-même, ou mon juste courroux...
FEDERIC.
Je demeure surpris d'un accueil si sauvage!
SIGISMOND.
Apprends qu'à cet objet si doux,
Ma main destine un autre Epoux.
FEDERIC

COMEDIE HEROIQUE.
FEDERIC.
Qui peut me difputer la Princeffe que j'aime ?
SIGISMOND.
Un rival indigné de ton audace extrême,
Seul digne d'obtenir fa foi,
Puifqu'il eſt au-deſſus de toi,
Et puifqu'enfin c'eſt Sigifmond lui-même.
FEDERIC.
Seigneur, à votre rang je fçai ce que je doi.
Mais j'ai le fuffrage du Roi,
Et vous-même y devez foufcrire.

SCENE XI.

LES ACTEURS PRECEDENS, LE ROY.

LE ROY à *Sigifmond*.

Ouy, Prince, fon hymen eſt approuvé par moi,
Songez que mon fuffrage eſt pour vous une loi.
Ces nœuds font importans au repos de l'Empire.
SIGISMOND.
Eſt-ce aux dépens du mien qu'on prétend l'ache-
ter ?
Pour la Princeffe je foupire ;
Avant de la ceder, il faudra que j'expire :

D

Mon amour seul doit se faire écouter.
LE ROY.
Un Roi n'écoute point l'amour ni son caprice;
Il n'entend, il ne suit que la seule justice,
Et c'est à vous de m'imiter.
Apprenez à regner par cet effort suprême
Et pour mieux affermir la paix,
Commencez par mettre vous même,
Vos injustes desirs au rang de vos sujets.
SIGISMOND.
Mes desirs sont trop purs pour que je les immole.
Que dis-je? La Princesse abhorre mon rival,
Et son cœur est contraire à cet hymen fatal:
Vous même, retirez une injuste parole.
LE ROY.
Qu'osez-vous proposer? La parole des Rois,
Comme celle des Dieux, doit être inviolable;
J'ai prononcé pour lui, souscrivez à ce choix;
C'est un arrêt irrévocable.
SIGISMOND.
Ah! tiran; ç'en est trop, cet arrêt inhumain
Vient de rallumer dans mon sein,
Les feux de mon courroux avec plus de furie:
Les respects les égards que j'ai pour Sophronie,
Et l'espoir d'obtenir sa main,
Pouvoient seuls retenir la haine qui m'enflame;

COMEDIE HEROIQUE. 51

Ce tréſor accordé pouvoit ſeul de mon ame
Effacer aujourd'hui tant d'outrages reçûs,
  Ton impitoyable refus,
  Et l'odieuſe preference
  Que vient de donner ta puiſſance
  Au plus grand de mes ennemis,
Du joug de la nature affranchiſſent ton fils,
Et ce nouvel afront qui groſſit les tempêtes,
  Qui vont tomber ſur vos deux têtes;
Surpaſſe & comble enfin tous ceux que tu m'as faits.
Plus d'accord entre nous, plus de paix deſormais,
Je ne ſuis plus ton fils, Pere indigne de l'être,
  Que pour m'armer de mes droits contre toi.
Crain, dans ton propre Etat, de n'être plus le maître.
Inſtruit de mes deſtins tout le peuple eſt pour moi;
  Tremble, fremis de te voir ſous ma loi,
Ma bouche te declare une immortelle guerre:
Et j'atteſte le Dieu du Ciel & de la Terre,
Que je ne verrai point reparoître le jour,
  Que mon bras armé du tonnerre,
De mes tirans affreux n'ait purgé cette Cour.

D ij

SCENE XII.

LE ROY FEDERIC.

LE ROY.

VA, je t'empêcherai, barbare,
D'exécuter les criminels projets,
Où ton emportement t'égare;
Ma prudence sçaura t'épargner des forfaits.
Le moyen dont, sans fruit, s'est servi ma tendresse
Pour rendre un fils à mes Etats,
Je prétens l'employer pour enchaîner son bras;
Et garantir mes jours du péril qui les presse.

SCENE XIII.

Les Acteurs precedens, SOPHRONIE.

SOPHRONIE.

JE viens vous implorer, Seigneur, pour vôtre fils,
Pardonnez un transport, dont mes yeux sont la cause,
Et songez que ma main ne peut être le prix....

COMEDIE HEROIQUE. 53
LE ROY.
C'est pour vous couronner qu'aujourd'hui j'en dispose;
Sur mon Trône tous deux vous allez être assis.
SOPHRONIE.
Votre fils doit lui seul.....
LE ROY
Non, ce fils trop fidéle;
A me justifier par son humeur cruelle,
Ce qu'ont prédit de lui les Astres ennemis,
Vient d'épuiser l'amitié paternelle;
La prison qui fut son berceau
Va devenir sa demeure éternelle
Et sera son tombeau.
On sçaura dans la Tour le convaincre, sans peine,
Que tout l'éclat de la grandeur humaine
Qui dans ce moment l'ébloüit,
Disparoît comme une ombre aux yeux qu'elle seduit;
Et n'est rien qu'une vapeur vaine
Que le sommeil enfante, & le reveil détruit.
(Il sort avec Federic.)

D iij

SCENE XIV.

SOPHRONIE *seule*.

SOPHRONIE.

AH! plûtôt que ta barbarie
Prive ton fils du pouvoir souverain,
Et qu'un himen funeste à Federic me lie,
Il faudra Roi cruel, que tu perces mon sein,
Où qu'avèc Sigismond tu me rendes captive.
En faveur de ce fils dont je fais le malheur;
Et pour qui je ressens la pitié la plus vive,
Il n'est rien qu'en ta Cour ne tente ma douleur.
Quand je songe, grands Dieux! que ce Prince
      qui m'aime,
Va rentrer dans la nuit de son affreuse Tour,
   Je ne suis plus maîtresse de moi-même,
Et la part que je prens à sa disgrace extrême,
   Me fait sentir que je l'aime à mon tour.
Ma fierté s'en émeut : mais ce feu qui l'étonne
     N'a rien qui blesse la vertu ;
Et dans l'affreux peril dont mon ame frissonne,
Il est trop allarmé pour être combattu :
     A son ardeur je m'abandonne.

COMEDIE HEROIQUE.

J'armerai tout l'Etat contre un Pere inhumain.
Cher Prince, il est juste, qu'enfin,
Mon bras t'assure une Couronne
Qu'a voulu me donner ta généreuse main;
Et que l'Amour repare, en cette conjoncture,
Les outrages sanglans que te fait la Nature.

ACTE III.

Le Théatre représente la Tour, à la porte de laquelle le Prince Sigismond paroît endormi & chargé de sa premiere chaîne.

SCENE PREMIERE.

SIGISMOND, CLOTALDE, ARLEQUIN, GARDES.

ARLEQUIN.

Non, là-dessus je ne sçaurois me taire;
Basile est un bon Roi,
D'accord : Mais il est mauvais Pere.
On ne traita jamais un fils de la maniere.
(*à Clotalde.*)
Vous avez tort d'avoir pris cet emploi.
Il faut pour l'exercer avoir un cœur de pierre :
Vous êtes un barbare ; & jamais sur la terre....

CLOTALDE.

Pour réprimer ses discours impudents

COMEDIE HEROIQUE. 57

Qu'au plus haut de la Tour on l'enferme au plus vite

ARLEQUIN.

Tu me fais enfermer sans que je le mérite.
Mais ce qui me console, en logeant là-dedans,
C'est que j'aurai pour moi tous les honnêtes gens.
La prison qu'Arlequin partage avec son Prince
Sçaura lui faire honneur dans toute la Province.

(On enferme Arlequin.)

SCENE II.

CLOTALDE, SIGISMOND *endormi*.

SIGISMOND *endormi*.

Meure, meure, Clotalde, & tous mes ennemis !
Tombe le Roi Basile au pouvoir de son fils !

CLOTALDE.

Jusqu'au sein du repos sa fureur le tourmente.
Rien ne peut l'arracher de son noir souvenir.
Que son affreux réveil sçaura bien l'en punir !
Pour ses regards surpris qu'elle image effrayante !
Son sommeil se dissipe, & je frémis pour lui.

SIGISMOND *en s'éveillant*.

Que vois-je, malheureux ! & quelle horreur efface

LA VIE EST UN SONGE.

Tout mon bonheur évanoüi ?
Du Sceptre que j'ai crû posseder aujourd'hui,
Mes premiers fers ont pris la place !
Du Trône je retombe au fond de ma prison !
O ! réveil accablant qui confond ma raison !
Le Ciel m'a-t'il trompé par un songe agréable,
Pour rendre mon destin encore plus déplorable
Par la douleur de la comparaison ?

CLOTALDE à Sigismond.

Dans un profond sommeil quel charme inconcevable
A retenu si long-tems vos esprits ?
Et quel songe funeste animoit votre rage ?
Vous respiriez tout haut le sang & le carnage.

SIGISMOND.

Je ne sçai que répondre à ce que tu me dis,
Le trouble de mes sens est si grand, que j'ignore
Si je veille en effet, ou si je dors encore.

CLOTALDE.

N'en doutez point, Sigismond, vous veillez,
Puisque c'est moi qui vous l'assure,
Que je suis devant vous, & que vous me parlez.

SIGISMOND.

Je ne suis point sorti de cette grotte obscure ?
Ah ! toute ma grandeur n'est donc qu'un songe vain ?

COMEDIE HEROIQUE.

Ma prison seule est vraye, & mon malheur certain.
Mais non, ce que j'ai vû m'a paru si sensible,
Et si fort éloigné de toute fausseté,
Que tout ce qui me frappe en ce moment terrible,
Ne paroît pas avoir plus de réalité.
Que dis-je ? un feu nouveau qui circule en mes veines,
Qui charme en même tems & redouble mes peines,
De mon bonheur détruit prouve la vérité.
J'en ai pour sûr garant l'image qui me reste
  De la Beauté qui m'a charmé.
  J'en ai pour signe manifeste
L'amour que dans mon sein ses yeux ont allumé.
Je le sens cet amour dont je brûle pour elle ;
Et pour la démentir, ma flâme est trop réelle.

CLOTALDE.

Quel songe a sur vos sens fait tant d'impression
Qu'il ait jusqu'à ce point troublé votre raison ?

SIGISMOND.

Ecoutes, puisqu'il faut t'en faire confidence,
Non ce que mon esprit a vû confusément
Dans un rêve sans suite & plein d'extravagance,
Mais ce qui m'a frappé les yeux sensiblement,
Qui m'est present encor comme un événement

LA VIE EST UN SONGE,

Rempli de certitude, où regne l'évidence,
Et dont j'ai retenu la moindre circonstance.
A la Cour de Pologne, en un Palais brillant,
(O! souvenir amer d'une gloire trompeuse!)
     J'ai crû me voir en m'éveillant :
     J'étois alors vêtu superbement,
     Environné d'une foule nombreuse
     Qui me servoit avec empressement.
Je me souviens, qu'au fort de mon étonnement
Je t'ai vû le premier me rendre ton hommage;
     Et fléchissant le genoux devant moi,
     Me déclarer que j'étois fils du Roi,
     Et que son Trône étoit mon héritage.

CLOTALDE.

Sans doute vous avez, dans ces momens heureux,
Reçu votre Sujet en Prince généreux?...

SIGISMOND.

     A ton discours m'armant d'un front sévere,
Clotalde, j'ai voulu te punir, au-contraire,
D'avoir suivi du Roi les ordres rigoureux,
Et de m'avoir caché ce funeste mistere.
Tu n'as pû qu'en fuyant te soustraire à mes coups,
Et mon Pere s'est vû l'objet de mon courroux.
Mais ce qui s'est gravé dans le fond de mon ame,
     Avec des traits de flâme
     Que rien ne sçauroit effacer,

COMEDIE HEROIQUE.

Une Augufte Princeffe à mes yeux s'eft montrée;
Sa beauté la rendoit digne d'être adorée.
 Ah ! fans douleur je ne puis y penfer.
  J'ai déclaré mon feu fincere,
 Elle a paru ne pas s'en offenfer.
J'efperois par mes foins parvenir à lui plaire,
Quand un Prince odieux protégé par mon Pere,
 Dans mon bonheur m'eft venu traverfer.
Ce coup a reveillé le feu de ma colere :
  Et j'ai juré dans mon tranfport,
Qu'avant que le Soleil redonnât la lumiere,
Au fein de mes Tirans je porterois la mort.

CLOTALDE.

  De l'Auteur de votre naiffance,
Eh quoi! les jours par vous ne font pas refpectés?
Et fur moi qui pris foin d'élever votre enfance,
  Vous étendez vos cruautez?
  Ah ! Sigifmond, à cet excès barbare
Pouvez-vous vous porter, même dans le repos?
En goutant fes douceurs notre cœur fe déclare;
De l'ame d'un Tiran un noir fonge s'empare;
Il voit toujours du fang dont il verfe des flots.
  Mais la vertu dont votre efprit s'égare,
Jufques dans le fommeil accompagne un Héros.
N'accufez plus les Dieux fi vous êtes en bute
  A tous les traits de leur courroux.

Avec juste raison leur bras vous persécute.
Les sentimens cruels qu'on voit paroître en vous
N'ont que trop à mes yeux justifié leurs coups.
Ce songe dont votre ame est encore si remplie,
Eh ! pour vous éprouver, qui sçait s'il n'est point fait ?
Qui sçait, si dans ce jour, leur sagesse infinie
   N'en seroit pas l'auteur secret ?
   Pour vous je tremble dans ce doute.
Je sçai qu'aux Immortels votre fureur déplaît ;
   Je crains que leur rigueur n'ajoûte
A votre châtiment, tout horrible qu'il est.
Sigismond, voulez-vous épuiser leur vengeance ?
   Ou croyez-vous que par la cruauté
   Vous mériterez leur clémence ?
Ah ! dépouillez plûtôt votre férocité,
   Et votre orgüeil qui les offense.
   Portez-vous au bien constamment,
Et songez que leurs mains versent leur récompense
Jusques sur la Vertu qu'on exerce en dormant.

SIGISMOND.

Sigismond, de ton cœur dépouilles l'arrogance.
   Réprime tes noires fureurs.
  Que le bien soit ton exercice unique,
Et sçaches que les Dieux répandent leurs faveurs

Jusques sur la Vertu qu'en songe l'on pratique.
CLOTALDE.
Oüi, c'est le seul moyen d'attirer leur bonté.
SIGISMOND.
Il faut donc vaincre ma fierté,
Par ta voix comme un trait de flâme
La Vérité, Clotalde a pénétré mon ame.
Je ne serai plus rien, même dans le sommeil,
Dont je puisse jamais rougir à mon réveil.
Mais tout l'éclat de ces richesses
Dont j'ai crû joüir cette nuit ?
CLOTALDE.
Est un ardent qui trompe & qui s'évanoüit.
SIGISMOND.
Et ces grandeurs enchanteresses
Dont les attraits m'avoient séduit ?
CLOTALDE.
Leur joüissance est un éclair qui fuit.
SIGISMOND.
Et la faveur avec la Renommée ?
CLOTALDE.
Un vent qui change, une vaine fumée.
SIGISMOND.
Et l'Esperance ?
CLOTALDE.
Un appas séducteur.

64 LA VIE EST UN SONGE.
SIGISMOND.
Et la vie ?
CLOTALDE.
Et la vie est un songe trompeur.
La Vertu seule est constante & réelle.
Le vrai bonheur est dans le bien ;
Tout le reste est compté pour rien.
SIGISMOND.
Ce discours me remplit d'une clarté nouvelle,
J'en sens toute la force & la sublimité ;
Mon esprit qui n'est plus séduit par l'apparence,
Des humaines grandeurs connoît la vanité.
Pour elles il n'a plus que de l'indifference,
L'amour, le seul amour dont il est agité,
Lui fait sentir sa vehemence,
Il entraîne ma volonté.
Et quoique d'un vain songe il tienne la naissance,
J'éprouve que sa flame est une verité.
CLOTALDE.
Sortez d'erreur, ces feux remplis de violence,
A vos sens abusés doivent tout leur pouvoir ;
Ils n'offrent à vos yeux qu'un objet chimerique;
Comme tous ces honneurs, cette Cour magnifique
Et tous ces vains trésors que vous avez crû voir ;
Et pour en triompher vous n'avez qu'à vouloir.
SIGISMOND.

COMEDIE HEROIQUE.
SIGISMOND.

Pour l'éteindre jamais ma flâme m'est trop chere,
Ma raison qui me fait sentir la fausseté;
    De ma grandeur imaginaire
    Peut adoucir ma cruauté,
Reduire mon orgueil, enchaîner ma colere;
Mais elle ne sçauroit étouffer mon ardeur,
Je sens qu'elle est plûtôt du parti de mon cœur:
Pour ne pas l'approuver cette ardeur est trop
    belle,
La Vertu l'accompagne, elle est pure comme elle;
    Quoiqu'elle augmente ma douleur,
Que j'aime sans sçavoir si mon vainqueur existe;
Que tout m'ôte l'espoir de m'en voir possesseur,
A l'adorer toûjours ma volonté persiste:
    Je veux borner là mon bonheur.
J'entretiendrai du moins son image chere,
Ses charmes de mes fers adouciront l'horreur,
    Et l'on m'arrachera la vie
Plutôt que de m'ôter une si douce erreur.
    (*Il rentre dans la Tour, qui se referme.*)

SCENE III.

CLOTALDE *seul.*

D'Un si parfait amour mon ame est attendrie.
Mais qui peut pénétrer dans cet antre profond ?
C'est Ulric ! La terreur est peinte sur son front.

SCENE IV.

CLOTALDE, ULRIC.

ULRIC.

CLotalde, le Roi qui m'envoye,
Est en danger de perdre le Trône & le jour.
Aux troubles les plus grands la Pologne est en
    proye.
Les peuples révoltés ont entraîné la Cour,
    Et pour son fils hautement se déclarent.
Tous veulent l'arracher du sein de cette Tour,
Et de la guerre enfin tous les feux se préparent ;
Le nom de Federic est partout en horreur.

COMÉDIE HÉROÏQUE.

Sophronie elle-même abhorrant son ardeur
Aux volontés du Roi refuse de souscrire,
Reconnoît Sigismond pour Maître de l'Empire,
Et du peuple pour lui redouble la chaleur.

CLOTALDE.

Qu'entens-je ?

ULRIC.

    Elle est d'autant plus formidable
Qu'à la beauté suprême elle joint la valeur.
  On sçait que de son sexe aimable
Elle fuit la molesse, & méconnoît la peur ;
Qu'elle a dans les combats signalé son grand
  cœur,
Et qu'autant que ses yeux, son bras est redoutable.
Le Roi qui connoît trop dans ce tems orageux
Ce que peut sur les cœurs un Chef si dangereux,
  Et qui craint la funeste suite
   D'une révolte si subite,
  A rassemblé dans son Palais
Ce qui lui reste encore de fideles sujets.
  Auprès de lui venez comm'eux vous rendre,
Et l'aider à résoudre en ce péril certain,
  Quel parti son ame doit prendre
Pour détourner le cours d'un torrent si prochain.
  Ses ordres pendant son absence
Doivent faire doubler la garde de ces lieux;

E ij

Pour la mettre en état d'opposer sa défense
　　　Aux efforts des séditieux.

CLOTALDE.

Ciel ! Protecteur des Rois, arme-toi pour Basile,
Et rend des Factieux la fureur inutile.
Que je guide vos pas dans ces rochers affreux ;
Evitons cette route, elle est trop difficile.
Ce sentier est plus court, & bien moins périlleux.
　　　(*Il s'en va avec Ulric.*)

SCENE V.

ARLEQUIN *mettant la tête à une fenêtre de la Tour.*

AH ! par cette lucarne exhalons notre rage,
　　Et tâchons de prendre un peu l'air.
　　Je pers mon tems à regarder, j'enrage,
Et pour être logé dans un sixiéme étage
　　　Je n'en vois pas plus clair.
Quoique de nous les Cieux semblent être assez
　　proches,
J'en apperçois à peine un foible échantillon ;
Mais quels cris redoublés font retentir ces roches,
Et font faire aux échos un affreux Carillon ?
Ce sont des gens armés ! Qui diantre les améne ?

SCENE VI.

ARLEQUIN, RODERIC, SOLDATS.

RODERIC.

Vive, vive Sigismond.
ARLEQUIN.
Di,
Que lui veux-tu donc, mon ami?
Et qui te fais crier jusqu'à perte d'haleine?
RODERIC.
Etes-vous le Prince, Seigneur?
ARLEQUIN.
C'est selon. Apprens-moi ce que tu veux lui dire?
RODERIC.
L'illustre Sophronie armée en sa faveur,
De rompre sa prison a chargé ma valeur,
Et l'a fait proclamer Souverain de l'Empire.
ARLEQUIN.
En ce cas-là je suis le Prince Sigismond.
Brisez mes fers, & vangez mon affront.
RODERIC *repete.*
Brisons ses fers, & vangeons son affront.

ARLEQUIN.

Holà hé donc, Messieurs, doucement, prennez garde,
Vous allez renverser la Tour ;
Les murs n'en valent rien, & songez en ce jour
Que c'est votre vrai Roi que ce peril regarde.

RODERIC *après l'avoir mis en liberté.*

Souffrez que vos sujets soumis, humiliés
Se prosternent tous à vos piés.

(*Ils se prosternent tous aux piés d'Arlequin.*)

ARLEQUIN *à part.*

Profitons de l'erreur & sous cet habit mince,
Joüissons un moment du plaisir d'être Prince ;
Je trouve ce métier fort doux.

RODERIC.

Seigneur le tems est cher, & la gloire vous presse
De joindre au plûtôt la Princesse.
Elle conduit le peuple, & doit vaincre pour vous ;
Nous allons sur vos pas nous exposer aux coups.

ARLEQUIN.

Je suis trop prudent pour vous croire ;
Allez, quand vous aurez remporté la victoire,
Vous reviendrez me le faire sçavoir.....
En attendant je vais ici m'asseoir.

RODERIC.

Grand Roi, vous faites voir une prudence extrême,

COMEDIE HEROIQUE.

Et jamais.... Mais voici la Princesse elle-même ;
Elle a franchi pour vous l'horreur de ces deserts.

SCENE VII.

SOPHRONIE, *les Acteurs precedens.*

SOPHRONIE à *Roderic.*

DU Prince Sigismond a-t'on brisé les fers ?
RODERIC *montrant Arlequin.*
Madame, le voilà prêt à monter au Trône.
SOPHRONIE.
Ce n'est pas là le Prince.
RODERIC.
        Un tel discours m'étonne.
à Arlequin.
Ce n'est donc pas vous ?
ARLEQUIN
       Non, mais je suis son cadet ;
Et vous voyez en ma personne
Le Prince Sigismondinet.
C'est là l'appartement où mon frere demeure,
Et je vais y mener Madame tout à l'heure.
SOPHRONIE.
Je fremis à l'aspect de ce cachot profond !

Soldats, secondez tous le transport qui m'entraîne.
ARLEQUIN.
De briser cette porte épargnez vous la peine,
Je vois sortir le Prince Sigismond.

SCENE VIII.

SIGISMOND *les Acteurs precedens.*

SIGISMOND.

Qui remplit donc ces lieux d'une rumeur soudaine ?
SOPHRONIE.
Ah, Prince ! en quel état vous offrez-vous à moi ?
L'heureuse Sophronie aura du moins la gloire
De briser de sa main les chaînes de son Roi,
Et d'affranchir ses jours d'une prison si noire.
SIGISMOND.
Que vois-je ? ma Princesse au fond de ces deserts
Vient rompre elle-même nos fers ?
Elle s'arme pour nous dans ce jour favorable ?
Qu'un trait si généreux me la rend adorable !
Et qui peut m'acquiter des biens que j'en reçois ?
Dieux Trompeurs ! par un rêve aimable
Ne m'abusez-vous pas une seconde fois ?

COMEDIE HEROIQUE. 73

Mon bonheur est trop grand pour être veritable.
Je dors encor sans doute, & tout ce que je vois
N'est rien qu'un phantôme agréable.

ARLEQUIN.

Prince, n'en doutez point c'est un bonheur palpable.

SOPHRONIE.

Ce n'est point un songe, Seigneur,
Je vous parle en effet, & je suis Sophronie,
Qui pour vous couronner veux prodiguer ma vie,
Vous êtes de Basile unique successeur ;
En vain ce Roi, frappé d'une aveugle terreur,
Veut transporter vos droits au Duc de Moscovie.
Tout l'Etat avec moi s'arme en votre faveur
Venez, volez au Trône où je vais vous conduire.

SIGISMOND.

Non, je suis détrompé d'une vaine grandeur
Qui n'a qu'un faux éclat qu'un instant peut détruire,
Et j'ai trop fait l'essai de son faste imposteur ;
Si quelque illusion a sur moi de l'empire,
C'est l'amour qui m'enflâme, il est l'unique erreur
Dont j'aime encore à me laisser seduire,
Et votre cœur, Madame, est le Trône où j'aspire,
C'est de lui seul que dépend mon bonheur.
Ce bonheur ne fut-il que l'ouvrage d'un songe,

Pour ne pas m'y livrer, il est trop enchanteur;
La verité ne vaut pas ce mensonge :
Et je le trouve si flatteur,
Qu'il me seroit cent fois plus agréable
De croire posseder votre cœur dans les fers,
Sans espoir de sortir de cet antre effroyable,
Que de me voir sans lui maître de l'Univers.

SOPHRONIE.

Votre felicité n'est pas un vain phantôme ;
S'il est vrai que mon cœur vous soit si précieux ;
Et les effets bientôt vont prouver à vos yeux ;
Qu'il est votre sujet avec tout ce Royaume.

SIGISMOND.

Quoi, je serois aimé ! je me verrois heureux !

SOPHRONIE.

Oüy, Prince, il n'est plus tems de taire
Un feu que le peril à contraint d'éclater.
Ce que pour vous mon bras vient de tenter
Vous dit trop qu'en ce jour vous avez sçû me plaire.

SIGISMOND.

Grands Dieux ! en cet instant flatteur,
Si le charmant aveu qui frappe mon oreille
N'est que l'effet d'un songe seducteur,
Faites que Sigismond jamais ne se réveille !
Mais s'il veille au contraire, au gré de ses souhaits,

COMEDIE HEROIQUE. 75

Eloignez de ses yeux le sommeil pour jamais.
SOPHRONIE.
Vous veillez croyez-en ma flâme.
Et comme sur l'Etat vous regnez sur mon ame;
L'un & l'autre vous offre un Empire réel.
Si tout ce que je dis vous semble une chimere,
Si votre esprit persiste en son doute cruel,
Et n'en croit pas une amante sincere
Qui franchit pour vous seul la bienséance austere,
Refuse Federic, & le Trône avec lui,
Qui pour vous élever à ce Trône aujourd'hui
S'arme contre ce Prince, & combat votre pere;
Jettez les yeux, Seigneur, sur tout le peuple armé
Pour votre cause legitime.
Voyez-le de ces monts couvrir toute la cime;
Venez & montrez-vous à ce peuple charmé,
Votre destin par lui vous sera confirmé.
Marchons, il n'attend plus que vos ordres pour vaincre,
Et mieux que mes discours mon bras va vous convaincre.
SIGISMOND.
C'en est trop, Sigismond est déja convaincu,
Le moyen de ne pas en croire tant de charmes?
A vous suivre en tous lieux me voilà resolu.
Rien n'arrête mes pas, qu'on me donne des armes

Pour vous l'offrir, je cours au Trône qui m'est dû,
Combattant avec vous la victoire m'est sûre;
D'avoir tant balancé je rougis maintenant,
D'un regard de vos yeux animé seulement,
Mon bras peut triompher de toute la nature;
Et mes cruels tirans vont sentir dans ce jour
Ce que peut la valeur conduite par l'amour.
SOPHRONIE.
Ah! la Vertu doit guider l'un & l'autre
Votre Pere est, Seigneur, parmi vos ennemis.
Même en le combattant soyez toûjours son fils.
Ma gloire desormais est uni à la vôtre;
Elle m'engage à vous représenter,
Qu'un Roi ne dois jamais se laisser emporter
Aux indignes transports d'une aveugle vengeance;
Qu'il doit vaincre, non pas pour la faire éclater,
Mais pour signaler sa démence.
Un tiran met sa gloire à tout exterminer:
Mais celle d'un vrai Roi consiste à pardonner.
C'est lui qu'il faut choisir pour modéle suprême;
Et songez, quelque ardeur qui vous puisse entraîner,
Que le plus beau triomphe est celui de vous même.
SIGISMOND.
Qu'il est heureux, & qu'il est doux
D'apprendre la Vertu de la bouche qu'on aime!

COMEDIE HEROIQUE. 77.
Qu'elle a pour lors de puissance sur nous !
Guidé, belle Princesse, à la gloire par vous,
De mes sens égarés je ne crains plus l'yvresse ;
En marchant sur vos pas je suivrai la sagesse.

SCENE IX.

Les Acteurs precedens, RODERIC.

RODERIC.

Sans combattre, Seigneur, vous venez d'obtenir,
Sur votre Pere une victoire pleine.
Abandonné de tous, contraint de fuir,
Il vient d'être arrêté dans la forêt prochaine.
Avec Clotalde on vous l'améne.

SCENE X.

Les Acteurs precedens LE ROY, SOLDATS.

LE ROY.

Fils coupable, assouvis toute ta cruauté :
Le sort te livre ta victme.
Acheve d'accomplir sur ton Pere & ton Roi
Ce que les Cieux trop vrais lui prédirent de toi.

SIGISMOND

Je vais en dépit d'eux me montrer magnanime,

Et convaincre mon Pere, en un jour si fameux ;
Que les Astres malins n'ont sur nous de puissance
Qu'autant que notre cœur est d'accord avec eux :
Que notre volonté regle leur influence ;
Et qu'on est à son gré cruel ou généreux.

(*Il se jette aux piés du Roi.*)

Seigneur, loin de souiller ma gloire,
Et de faire éclater un barbare courroux,
Regardez-moi rougir de ma victoire,
Et suivre désormais des sentimens plus doux :
Voyez-moi reparer le fort qui vous opprime;
Et forçant mon étoile, attendre à vos genoux,
Le juste châtiment que mérite le crime
De s'être avec l'Etat revolté contre vous.
Prononcez mon arrêt, l'exemple est nécessaire ;
Faites-vous justice aujourd'hui.
Un fils qui s'arme contre un Pere,
Quelques durs traitemens qu'il ait souffert de lui,
Doit subir un trépas severe.
Frappez, je recevrai le coup sans murmurer
De votre main encore trop heureux d'expirer.

LE ROY.

Mon fils, un trait si grand & si digne d'estime
Me fais rougir d'avoir trop cru
Les Astres que dément votre Vertu sublime.

Au lieu de châtiment mon Sceptre vous est dû.
Qui sçait se vaincre ainsi, mérite la Couronne.
Après ce changement qui m'enchante & m'étonne,
Regnez sur mes Etats que vous avez conquis
Par la force bien moins que par votre clémence ;
Et que le bien Public soit votre récompense.
De l'Empire à vos yeux pour relever le prix,
Possedez avec lui cette aimable Princesse.
Vous rendant tous heureux, mes vœux seront
    remplis.
Je ne veux me livrer dans ma douce vieillesse
Qu'au bonheur d'être Pere & d'avoir un tel fils.

SIGISMOND.

Seigneur, à vos bontés votre fils trop sensible
    Ne prend en main les rennes de l'Etat
Que pour en soutenir tout le fardeau pénible,
Et pour vous en laisser la gloire & tout l'éclat.
    Et vous, illustre Sophronie,
Vous, qui m'avez appris à triompher de moi,
Vous, l'auteur généreux du repos de ma vie,
C'est pour vous couronner que je veux être Roi :
Je ne fais que vous rendre un bien que je vous doi.
Votre main précieuse est le seul que j'envie.
    De Souverain le titre ne m'est doux
Que pour mieux mériter celui de votre Epoux.

SOPHRONIE.

Mon bonheur est parfait, si je comble le vôtre,
Je hairois le Sceptre, en le tenant d'un autre.

SIGISMOND à *Clotalde*.

Approches, noble défenseur,
Du Roi mon Pere & de ton Maître.
Le zéle que pour lui ton ame a fait paroître
Ne peut être payé de toute ma faveur.

LE ROY.

Mon fils, cette conduite aussi sage qu'auguste,
Annonce à vos Sujets le Regne d'un Roy juste.

SIGISMOND.

C'est l'heureux fruit de vos rigueurs.
Elles m'ont convaincu que toutes les grandeurs
Ne sont qu'une chimere où le sommeil nous plonge;
Qu'excepté la Vertu, tout n'est rien que mensonge;
Que notre prévoyance est un tissu d'erreurs,
Notre espoir un phantôme, & notre vie un songe.

FIN.

APPROBATION.

J'Ai lû par ordre de Monseigneur le Garde des Sceaux, une Comedie Héroïque, qui a pour titre, *la Vie est un songe*; & j'ai crû qu'on en pouvoit permettre l'impression. A Paris, le 18 Novembre 1732. MAUNOIR.